Janie Habasque

Créez vos
SORCIÈRES

Éditions Didier CARPENTIER

Abracadabra

On ne chasse pas les sorcières !

Les sorcières sont des fées,
un peu moins jolies que les autres, c'est tout.

Lorsqu'elles sortent d'un bois, caracolant sur leurs balais,
il convient de les amadouer avec des amulettes,
c'est l'alphabet des charmes.
Simple affaire de diplomatie, le reste vous regarde.

Donnez à chacune un abri et selon la tradition
elles veilleront sur vous discrètement.
Elles connaissent les philtres,
les potions et les paroles magiques.

4

Sommaire

Conseils généraux **6**

Le squelette **8**
La tête **10**
Les cheveux **12**
Les vêtements et les accessoires **14**
L'assemblage **18**

Conseils généraux

Rendez vous chez un fripier, un mercier ou fouillez votre grenier.
Récupérez des tissus variés et des haillons, sans oublier un brin de sophistication.
Vous n'êtes peut-être pas experte en matière de modelage ou de couture,
mais ne vous découragez pas.
Soyez patiente et attendez de voir votre réalisation terminée.
Les sorcières ne sont pas belles, mais elles sont toujours surprenantes.
Suivez bien les étapes et respectez l'ordre de montage.
La magie peut commencer.

Que faut-il dans le chaudron ?

- une paire de bons ciseaux
- une règle
- un mètre de couturière
- une agrafeuse
- une paire de pinces coupantes
- un cutter
- un gros pinceau
- un petit pinceau
- un pistolet à colle (facultatif mais pratique)
- une grande aiguille
- des clous
- du Plastifoam (sandales)
- des morceaux de bois (baguettes ou branches)
- de la ficelle
- de la colle néoprène (thermofusible ou extra-forte)
- du fil à pêche
- du fil de fer
- de la pâte modelable (pour séchage à l'air)
- de la gouache
- de la peinture acrylique
- un rotring ou un stylo indélébile
- du bourrelet adhésif (pour calfeutrer les fenêtres)
- des collants filés de différents coloris
- de vieux cols de fourrure
- de la laine
- des morceaux de dentelle
- des vieux vêtements
- des morceaux de polystyrène
- des cotillons de Noël
- des boutons
- de la ouatine ou du molleton
- des lacets
- du coton hydrophyle
- des cure-dents
- des perles
- des élastiques
- des morceaux de carton
- des morceaux de cuir (vieux vêtements…)
- des trésors trouvés dans vos tiroirs (accessoires)
- des attaches parisiennes

Le squelette

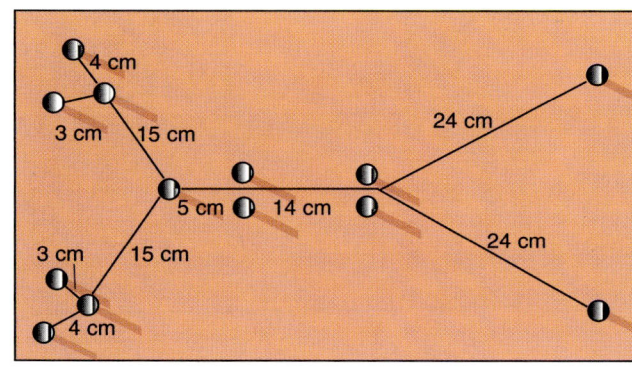

fig. 1

Matériel

- 280 cm de fil de fer, Ø de 0,9 mm à 1,1 mm
- une planche en bois de 56 × 34 cm
- 13 clous
- un marteau
- du bourrelet adhésif (pour calfeutrer les portes ou les fenêtres) de 18 mm de largeur
- un vieux collant.

Réalisation

Tracez le squelette sur la planche de bois et plantez des clous (fig. 1).

Repliez le morceau de fil de fer en deux et procédez de la manière suivante (fig. 2 et 3) :

1 - Commencez en positionnant la boucle autour du clou de l'emplacement de la tête.

2 - Passez les deux morceaux du fil de fer, dans la partie centrale, entre les clous des épaules et ceux du bassin.

3 - Séparez les deux morceaux.

4 - Avec un des morceaux, entourez le clou d'un pied.

5 - Revenez en tortillant le fil de fer jusqu'aux clous du bassin et des épaules.

6 - Faites les mains en passant le fil de fer autour du dernier clou, puis des deux autres et revenez au niveau des épaules.

Répétez symétriquement cette opération, des étapes 4 à 6 (fig. 4).

Le fil restant sert à ligaturer l'ensemble au niveau des épaules et du bassin (fig. 5).

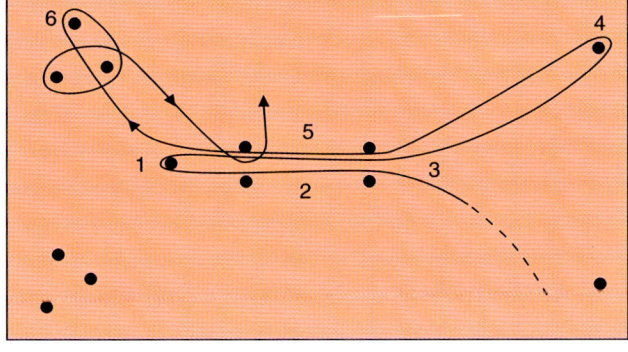

fig. 2

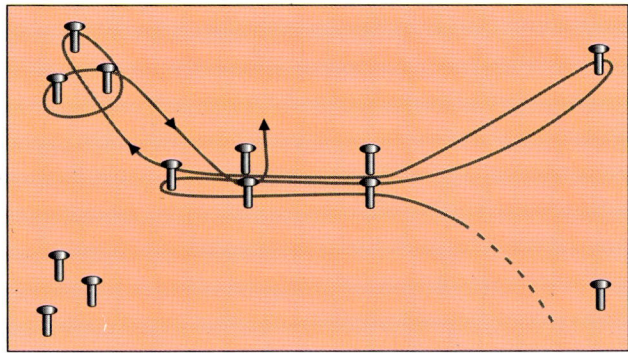

fig. 3

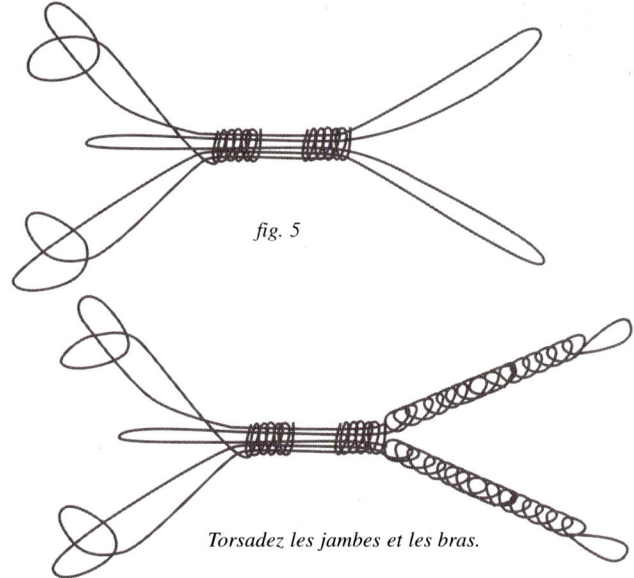

fig. 5

Torsadez les jambes et les bras.

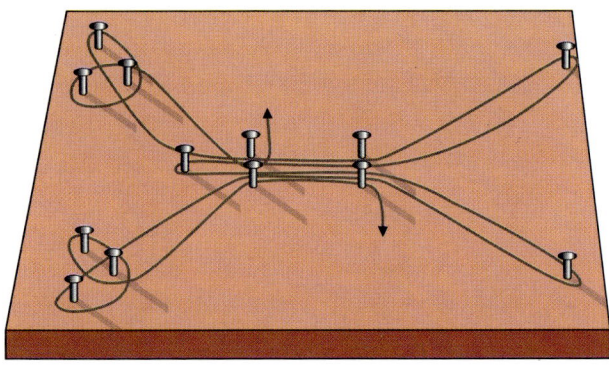

fig. 4

Taillez les jambes d'un vieux collant en les coupant en deux dans le sens de la largeur et dans le sens de la hauteur. Enlevez la partie culotte.

Découpez des bandes d'environ 10 cm de largeur. Pliez-les en deux.

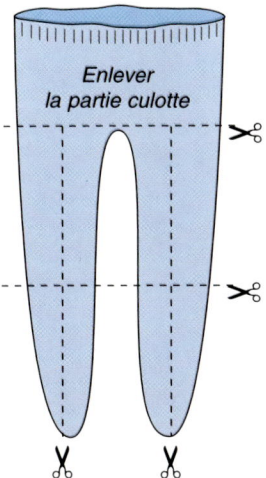

Enlever
la partie culotte

Le montage

Collez le bourrelet adhésif le long des jambes en faisant un retour pour chaque pied.

Faites la même chose pour les mains et les bras en recouvrant bien les poignets.

Enroulez ces bandes de vieux collant sur les bourrelets adhésifs du squelette.

Pour les jambes : Commencez par le bout du pied et terminez par un nœud à la taille.

Pour les bras : Commencez par un des deux doigts, enroulez et terminez par un nœud à la base du cou.

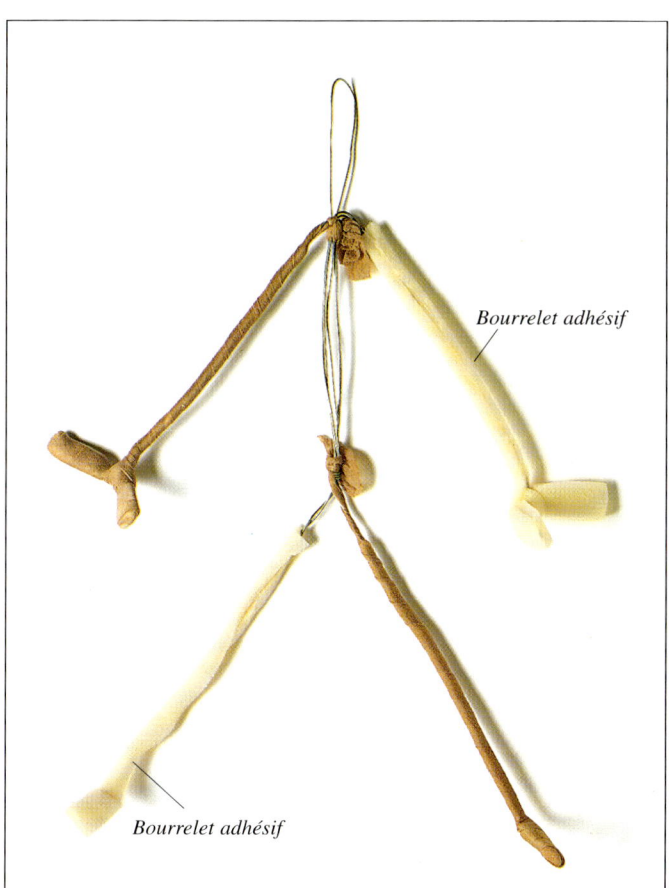

Bourrelet adhésif

Bourrelet adhésif

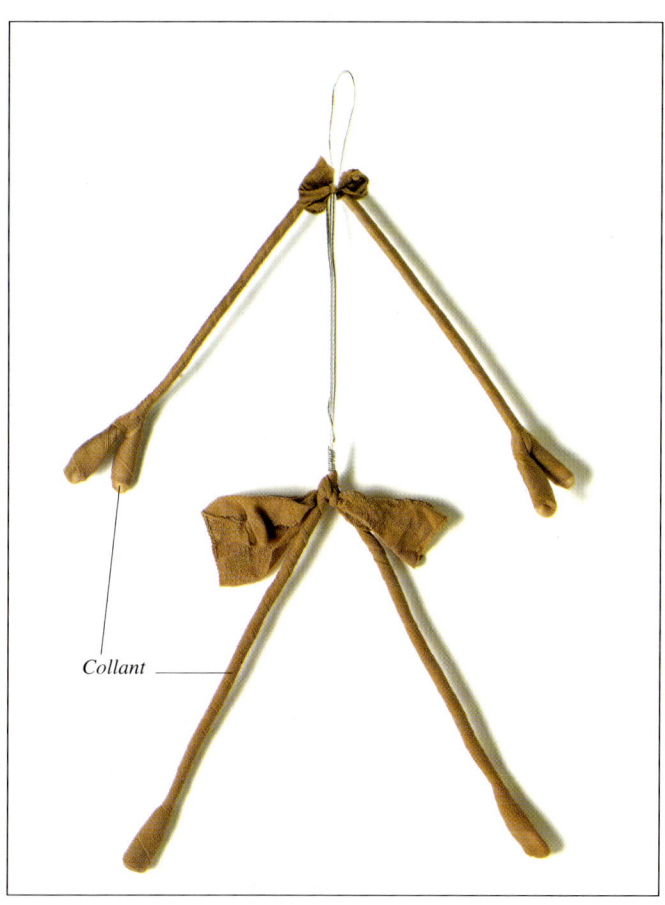

Collant

9

La tête

Le modelage

Matériel (pour une tête)

- un petit cube de polystyrène de 7 × 6 cm
- de la pâte à modeler durcissant à l'air ou de la pâte à bois prête à l'emploi
- un rouleau à pâtisserie
- un cutter
- un stylo à bille usagé
- une allumette

Réalisation

À l'aide du cutter, arrondissez les angles du cube en polystyrène. Faites une boule de pâte à modeler et aplatissez-la au rouleau à pâtisserie afin de former une plaque. Recouvrez-en le cube de polystyrène. Ajoutez de la pâte à modeler à l'endroit des volumes (le nez, les joues, le menton, les sourcils). Modelez pour donner l'expression du visage. Marquez les yeux avec l'embout du stylo bille usagé. Évidez les narines. Formez un creux pour la bouche. Fixez un morceau de l'allumette pour symboliser une dent. Bien entendu, vous pouvez laisser libre cours à votre imagination et à vos talents de modeleur. Tout est permis. Chaque sorcière est unique et ne ressemble à aucune autre. Laissez sécher plusieurs jours.

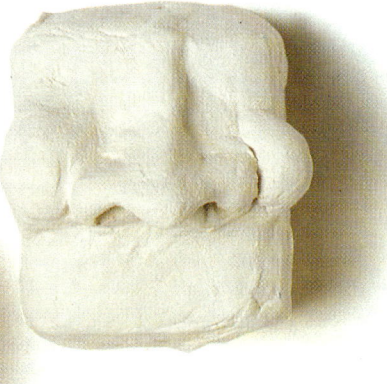

Autres expressions du visage

La peinture de la tête

Matériel

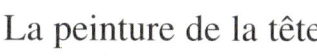

- de la gouache ou de la peinture acrylique (blanc, noir, terre de sienne naturelle ou ocre, bleu, vert)
- du vernis mat ou brillant pour gouache ou acrylique
- du rouge à lèvres
- un rotring ou stylo à encre noire indélébile
- trois pinceaux (un fin, un plus gros et un pour le vernis)
- un petit chiffon

Réalisation

Faites un mélange de blanc et de terre de sienne plus ou moins dosé (selon votre goût) et peignez l'ensemble de la tête. Laissez sécher. Dessinez le contour des yeux à la peinture noire. Peignez également en noir l'intérieur de la bouche. Marquez les sourcils d'un trait de gris. Peignez les yeux en blanc ainsi que la dent. Symbolisez les iris par des petits cercles bleus ou verts. Laissez bien sécher. À l'aide du petit chiffon, passez délicatement sur le visage, un peu de rouge à lèvres pour donner de la couleur et du relief. Marquez les traits du visage, les rides et les sourcils au rotring (ou au stylo à encre indélébile).
Laissez sécher 24 heures.
Vernissez.

Les cheveux

Matériel

- une bande de carton de 8 × 1 cm
- du fil de laiton
- de la colle
- un morceau de fourrure naturelle ou synthétique à poils longs (genre chèvre, agneau) à prendre, par exemple, sur un vieux col de manteau

ou

- de la filasse en écheveau en vente dans les grandes surfaces de bricolage, au rayon plomberie

ou

- de la laine épaisse

Réalisation

En fourrure

Mesurez la hauteur du crâne et la largeur (emplacements des oreilles compris). Découpez une bande de fourrure aux mêmes dimensions. Collez-la sur la tête.

En filasse

Coupez dans l'écheveau une longueur d'environ 20 cm.
Nouez la chevelure solidement à une des extrémités avec
un morceau de fil de laiton.
Coupez à ras et collez-la sur la tête.

En laine

Sur la bande de carton de 8 × 1 cm enroulez la laine plusieurs fois, de la longueur de
votre choix.
Piquez cet ensemble à la machine ou
cousez à la main.
Collez la chevelure ainsi réalisée sur la tête.

Les lunettes

Elles sont confectionnées dans 15 cm environ de fil
à lier vert (en vente dans les grandes surfaces de bricolage, au rayon jardinerie), ou dans un morceau de fil de
fer ou de laiton (doré). Donnez la forme souhaitée et
collez-les sur la tête avant la pose des cheveux.

Les vêtements et les accessoires

La robe

Fournitures

- 25 cm de cotonnade en 140 cm de large
- du fil assorti

Réalisation

Dans la cotonnade, prélevez un morceau de 30 × 25 cm *(fig. 1)* qui servira à confectionner le corsage. Passez un fil de fronces au niveau de la taille. Ourlez le bas *(fig. 2)*. Pliez en quatre le morceau destiné au corsage *(fig. 3)*. Découpez les emmanchures *(fig. 4)*. Ouvrez et fermez par une couture. Réunissez la jupe et le corsage, en les cousant endroit contre endroit *(fig. 5)*. Laissez le travail sur l'envers.

La culotte

Fournitures

- un morceau de cotonnade de 35 × 35 cm
- du fil assorti

Réalisation

Pliez le carré de cotonnade en deux et piquez les côtés en prenant soin de laisser les ouvertures des bras et des jambes.

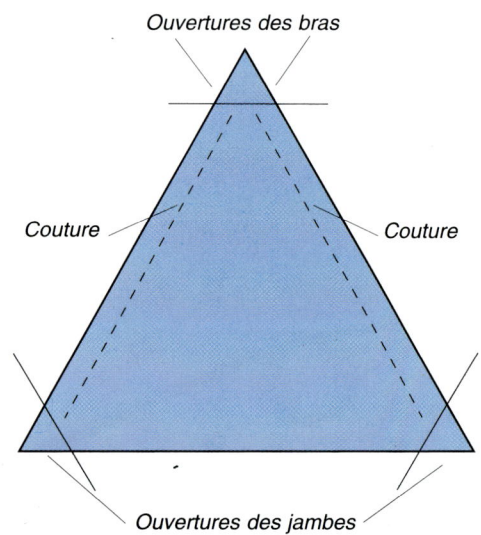

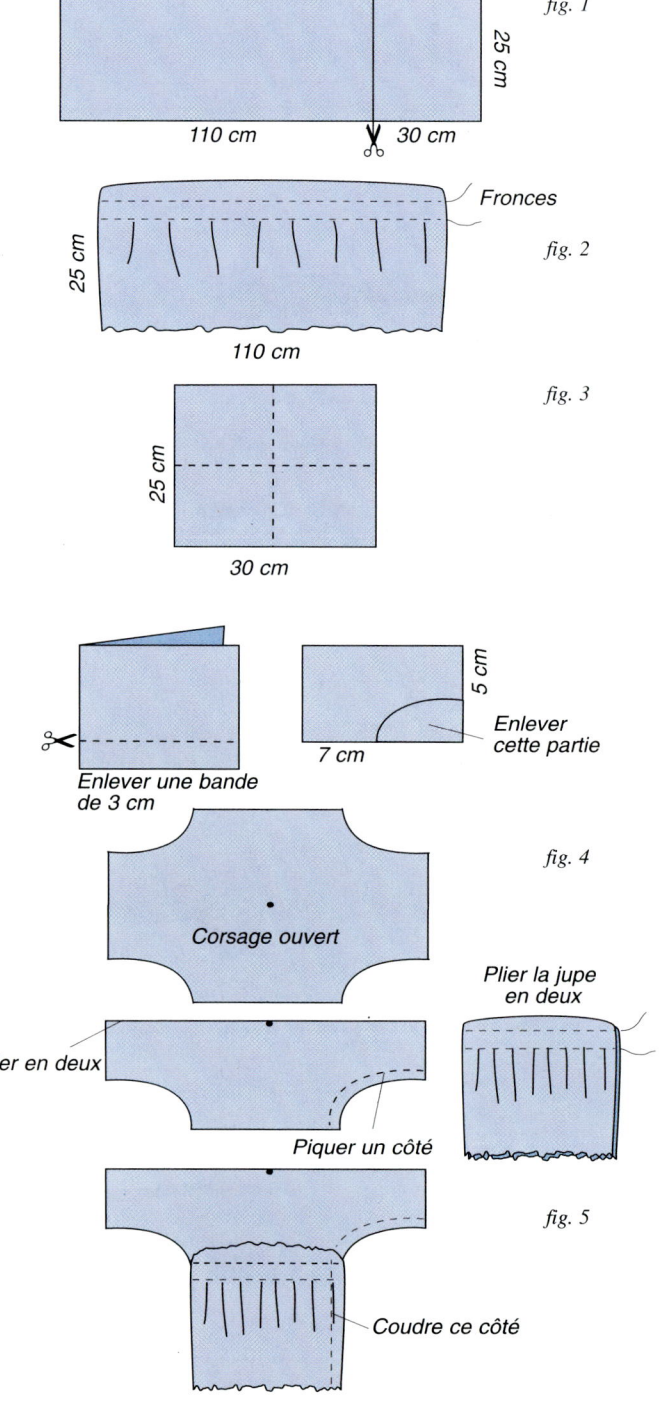

Le tablier

Fournitures

- un morceau de tissu de 30 × 15 cm
- 30 cm de dentelle
- 30 cm de biais
- du fil assorti

Réalisation

Montez la dentelle sur le bas du tablier. Repliez les côtés. Ourlez-les. Passez un fil de fronces à la taille.

Posez le biais.

Le châle

Fournitures

- un morceau de tissu de 40 × 40 cm
- des petits morceaux de tissus de couleurs différentes pour le rapiéçage
- de la colle pour tissu

Réalisation

Pliez le carré de tissu en deux. Coupez sur la diagonale, vous obtenez un triangle. Composez le rapiéçage en découpant de petits morceaux de tissus de couleurs. Collez-les.

15

Le chapeau

Fournitures

- de la feutrine noire
- de la ouatine ou du molleton synthétique pour le rembourrage
- de la colle forte (thermofusible ou néoprène)
- une paire de ciseaux
- une craie de tailleur
- deux petits lacets

Réalisation

Dans la feutrine, taillez un triangle *(fig. 1)* et deux carrés de 10 × 10 cm *(fig. 3 et 5)*. Pliez le triangle en deux et piquez le côté *(fig. 2)*.

Retournez le cône ainsi obtenu sur l'endroit et rembourrez-le. Crantez la base du cône à l'aide de la paire de ciseaux.

À l'aide de la craie de tailleur, tracez au centre du carré A un cercle de Ø 4 cm *(fig. 3)*. Découpez-le. Mettez des points de colle sur la partie intérieure du rond pratiqué et enfilez le cône dans le trou *(fig. 4)*. Pressez fortement. Laissez sécher.

Sur le carré B, tracez un petit cercle de Ø 4 cm sur l'envers, identique à celui du carré A, et un de Ø 9,5 cm sur l'endroit *(fig. 5)*. Encollez l'envers sur toute la surface, sauf à l'emplacement du petit cercle. Assemblez à l'aide de colle les deux carrés *(fig.6)*. Laissez sécher. Découpez ensuite les deux épaisseurs en suivant le contour du grand cercle. Pratiquez deux trous. Passez les lacets.

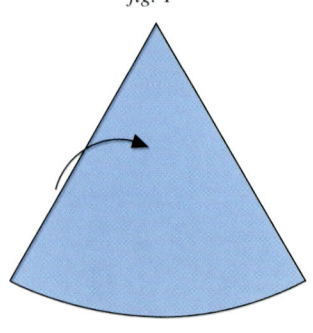

fig. 1

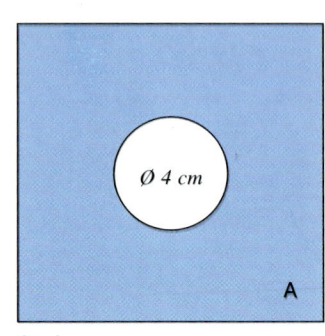

fig. 3

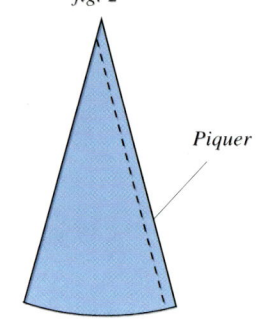

fig. 2

Piquer

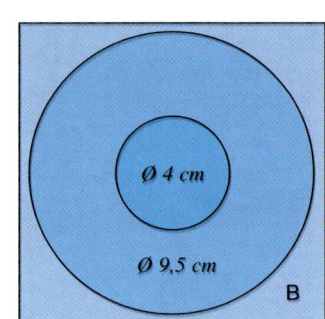

fig. 5

Ø 4 cm

Ø 9,5 cm

B

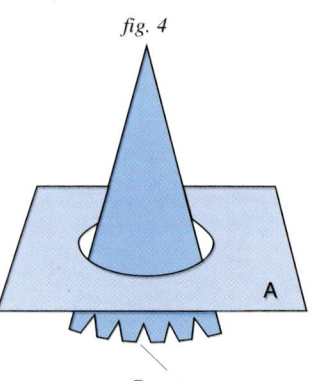

fig. 4

Cranter

A

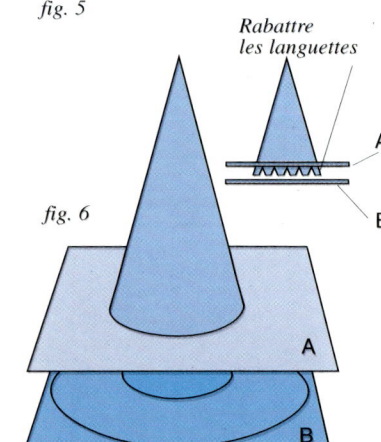

fig. 6

Rabattre les languettes

A

B

A

B

Le balai

Fournitures

- un morceau de bois sec, d'osier ou de bambou de 35 cm environ
- un petit bouquet de paille de riz emprunté à votre balai ménager
- 30 cm de fil de fer

Réalisation

Fixez la paille de riz à une des extrémités du morceau de bois à l'aide du fil de fer. Serrez fortement à l'aide d'une pince. Coupez l'excédent de fil de fer.

Les sandales

Fournitures pour une paire

- une feuille de Plastifoam ou de Créamousse, coloris au choix (magasins de loisirs créatifs), voire également du cuir ou du skaï
- quatre attaches parisiennes
- de la colle forte (thermofusible ou néoprène)
- de la ficelle (lacet)
- une paire de ciseaux
- une agrafeuse

Réalisation

Dans la feuille de Plastifoam, découpez dix semelles en vous reportant au patron 1 ci-dessous. Procédez ensuite dans l'ordre suivant :

1 - prenez une semelle
2 - collez et agrafez une autre semelle sur le talon
3 - collez et agrafez deux semelles dont vous aurez préalablement ôté 1 cm (aux talons) pour former le dessus de la sandale. Percez deux trous.
4 - passez le petit lacet, repliez le talon et fixez par une attache parisienne.
5 - rabattez les deux parties formant le dessus de la chaussure, l'une par-dessus l'autre et fixez-les par une attache parisienne.
6 - terminez en collant une deuxième semelle sous la sandale pour cacher les agrafes et rigidifier l'ensemble.

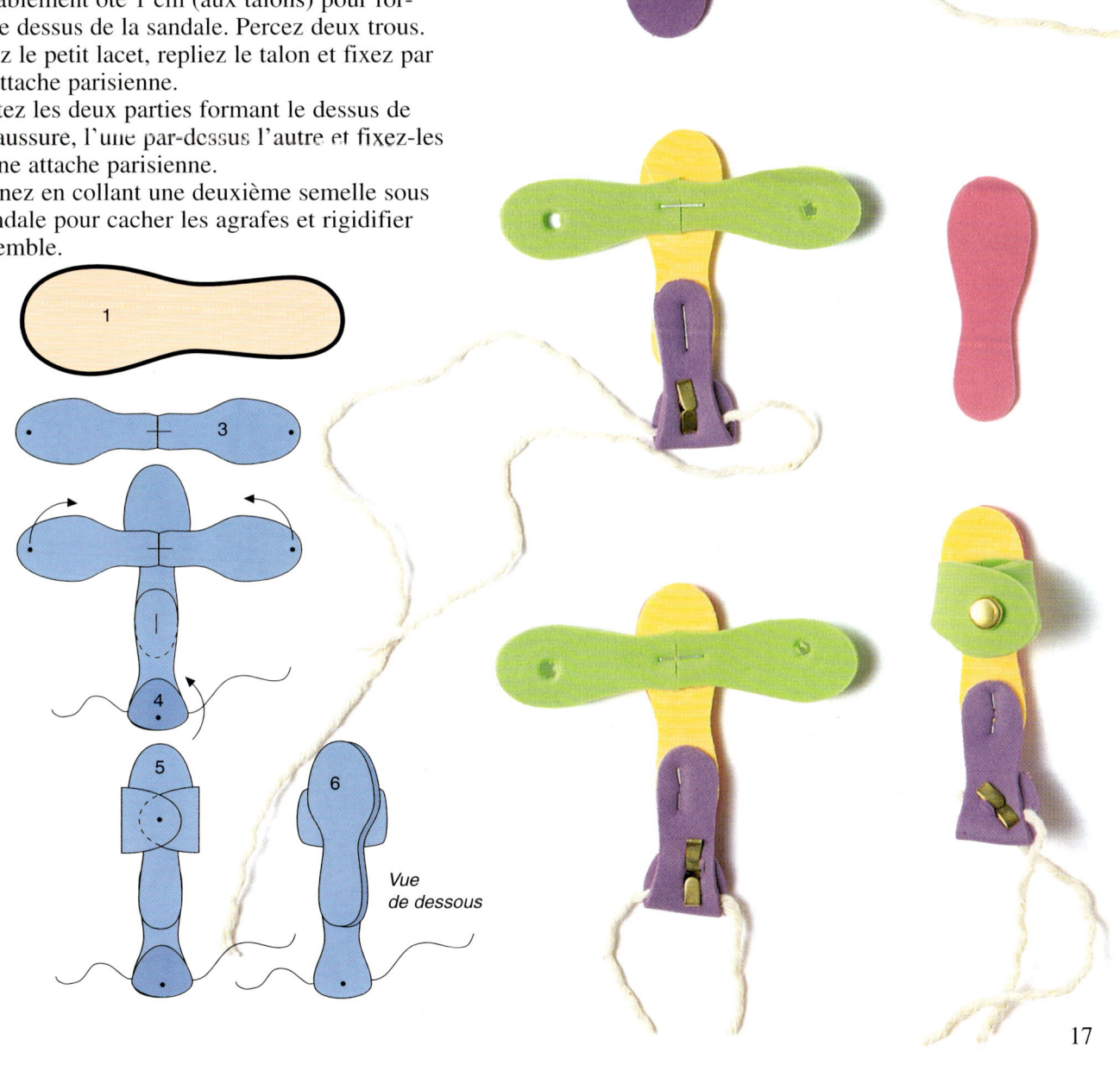

Vue
de dessous

17

Fournitures

- de la colle forte (thermofusible ou néoprène)
- de la ouatine ou du molleton synthétique
- de la mousse de polyester
- un lacet souple de 30 cm
- des élastiques
- 120 cm de fil à pêche
- une grande aiguille

Réalisation

Enfilage de la culotte

Laissez-la sur l'envers. Enfilez les deux jambes dans les ouvertures. Remontez au niveau des cuisses et serrez avec un élastique ou un lacet. Retournez sur l'endroit. Rembourrez avec la ouatine ou le molleton. Formez les épaules avec un petit morceau de mousse du coude droit au coude gauche. Fermez ensuite la culotte au niveau du cou par un point de couture.

Enfilage de la robe

Enfilez la robe en la laissant sur l'envers. Fixez le bas des manches avec un élastique ou un lacet.

Les finitions

Retournez-la robe et passez-la sur la tige du cou. Lacez le tablier autour de la taille. Mettez les chaussures. Cousez le châle. Attachez le chapeau autour du cou.

À l'aide d'un outil pointu (grosse pointe, vrille, etc.) pratiquez un trou à la base de la tête.

Encollez la tige de fil de fer, qui sert de cou au squelette, et emboîtez la tête. Laissez bien sécher.

Les attitudes

A califourchon

Pliez le fil à pêche en deux et nouez-le à l'extrémité du manche du balai. Passez le fil dans le chas de l'aiguille et faites quelques points autour du fil de fer de l'entrejambe pour positionner la sorcière sur le balai. Ressortez au niveau de la taille, faites un point arrière. Enfoncez de nouveau l'aiguille pour ressortir à la base du cou et traversez le chapeau. Nouez les extrémités du fil à pêche.

Enroulez les mains autour du balai. Repliez les pieds et les jambes pour former les genoux.

Assise

Accrochez les mains à chaque extrémité du balai. Passez les jambes par-dessus et repliez les genoux.

Au lieu de nouer le fil à pêche à l'entrejambe, nouez-le au milieu du dos et procédez comme pour le modèle ci-dessus.

Suspendue

Fermez la main sur le milieu du balai et fixez le fil à pêche au poignet. Vous pouvez également faire passer une jambe et l'autre main sur le devant du balai.

Allongée

Coincez le balai au dos, le lacet du tablier. Enroulez un bras par-dessus ainsi qu'une jambe. Fixez le fil à pêche au milieu du dos comme pour la position assise mais remontez sous le bras libre pour équilibrer.

Modèle de base

Abigaël, la savante

Sorcière savante et inspirée, elle adore les entreprises secrètes et passe beaucoup de temps dans son laboratoire à l'abri des regards indiscrets.

Elle connaît les signes cabalistiques, l'alphabet des charmes et d'un seul trait de son crayon magique, la page blanche devient poème, roman ou histoire merveilleuse à raconter aux enfants. Elle consigne tous ses secrets dans des livres appelés grimoires et pour les décrypter il faut connaître les paroles magiques ou la formule de l'encre sympathique.

Réalisation

Reportez-vous aux généralités (pages 8 à 19), pour la réalisation du squelette, de la tête, des vêtements et du chapeau. Les sandales sont confectionnées dans du Plastifoam de couleur jaune.

Réalisation d'un grimoire

Matériel

- quelques pages d'un vieux carnet
- un morceau de cuir (ou de skai)
- un morceau de carton
- une agrafeuse
- de la colle
- une petite ficelle

Découpez le morceau de carton et les pages du carnet aux mêmes dimensions. Assemblez-les par des agrafes. Collez le cuir sur le carton de la couverture. Recoupez les bords. Repliez en deux. Ajoutez la petite ficelle par le milieu pour symboliser le signet.

Alézane, la cavalière

Autrefois les sorcières chevauchaient des licornes. Aujourd'hui, les plus nostalgiques bricolent sur leur balai et même si l'illusion n'est pas vraiment parfaite, elles s'amusent comme des folles. Sorcière très gamine et indisciplinée, Alézane n'a aucun sens de l'heure. Elle arrive toujours en retard et prend la vie avec humour et légèreté. C'est une excellente compagne pour les sorties et les voyages.

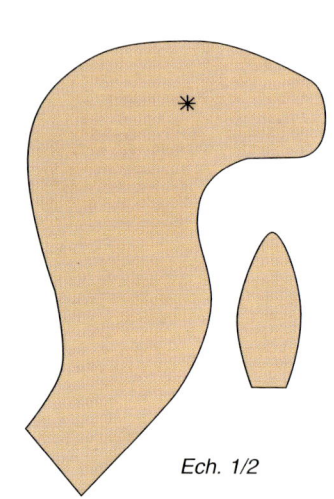

Ech. 1/2

Réalisation

Reportez-vous aux généralités (pages 8 à 19), pour la réalisation du squelette, de la tête, des vêtements, du balai et du chapeau. Les sandales sont confectionnées dans du Plastifoam de couleur noire et de couleur violette pour les semelles. Les lunettes sont en fil de fer.

Réalisation du cheval

Matériel

- un morceau de jersey écru
- de la feutrine rose pour le devant des oreilles
- deux boutons pour les yeux
- de la laine ou de la ficelle pour la crinière
- du molleton
- du fil de fer fin
- un petit morceau de cuir
- un lacet de cuir pour les rênes
- un lacet de cuir et un morceau de bois pour le fouet

Reportez les schémas des patrons (agrandir au double) et taillez chaque pièce en double. Confectionnez les oreilles et montez-les aux emplacements indiqués. Fixez les yeux. Cousez les franges de la crinière sur un des côtés et assemblez les deux parties sur l'endroit à points arrière. Rembourrez la tête avec le molleton et fixez-la sur l'extrémité du balai avec du fil de fer fin que vous recouvrez en collant le morceau de cuir. Posez le harnais.

Confectionnez le fouet avec le morceau de bois et le lacet de cuir. Assemblez avec du fil de fer. Réalisez quelques nœuds sur le lacet.

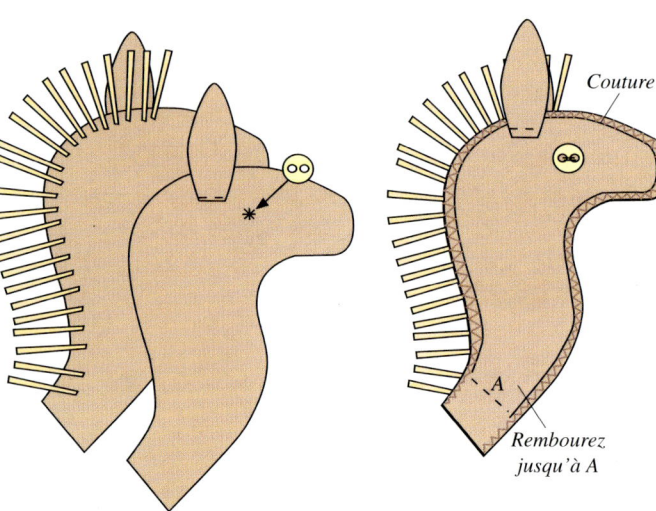

Couture

A

Rembourrez jusqu'à A

Balsamie et Eulalie, les jardinières

Sorcières très soucieuses des traditions, souvent maniaques, parfois râleuses. Mais ne leur faisons pas reproche de leur conformisme. Qu'y a-t-il dans leurs sacs à malices ? Rien qui tienne du maléfice. Une dent de chat, des crottes de mouches, et quelques graines qui rendent service.

Réalisation

Reportez-vous aux généralités (pages 8 à 19), pour la réalisation des squelettes, des têtes, des vêtements, du balai et des chapeaux. Les chaussures sont confectionnées dans du Plastifoam de couleur orange pâle.

Réalisation des accessoires

Matériel

- des petits morceaux de bois mort pour le fagot
- une petite boîte de conserve vide
- un morceau de fil de fer
- de la peinture acrylique
- 8 × 6 cm de toile de jute pour les sacs
- du coton
- de la colle thermofusible
- du vernis
- des graines diverses (riz, maïs, haricots, lentilles, etc.)

Coupez les morceaux de bois mort de la même longueur. Assemblez-les par un lien. Confectionnez les sacs dans la toile de jute. Bourrez-les avec le coton. Assemblez les graines en les collant sur le coton. Vernissez-les.

Vous pouvez aussi fabriquer de petits seaux à partir de boîtes de conserves en leur fixant des morceaux de fil de fer qui serviront d'anses. Les peindre à l'acrylique.

Céleste, la maladroite

Eh oui cela peut arriver, même les sorcières qui savent voler ne sont pas à l'abri d'un accident de balai.
Certains soirs, on peut voir que, le ciel est bien encombré. Sorcière maladroite et brouillonne, Céleste agit toujours avec précipitation et on ne compte plus les accidents et les fractures provoqués par sa distraction.

Réalisation

Reportez-vous aux généralités (pages 8 à 19), pour la réalisation du squelette, de la tête, des vêtements, du balai et du chapeau. La sandale est confectionnée dans du Plastifoam de couleur bleue. Elle est fermée sur le dessus par une attache parisienne. Les lunettes sont en fil de fer. Le plâtre de la jambe cassée est réalisé avec de la bande plâtrée. Humectez la bande, enroulez-la autour du pied (que vous aurez préalablement replié) et de la jambe, en ayant soin de protéger l'ensemble de votre réalisation. Laissez sécher.

Clochette, la joyeuse en fête

Parfois au retour d'une grande fête, les sorcières sont un peu éméchées. C'est à cause des élixirs et des potions, consommés sans modération. Pour ne pas perdre le nord et rentrer à bon port, elles branchent le pilote automatique de leurs balais magiques. De très agréable compagnie, pétillante comme des bulles de Champagne, Clochette recherche toutes les occasions de s'amuser, et si d'aventure elle se plaint d'avoir mal à la tête c'est que la veille elle était un peu pompette.

Réalisation

Reportez-vous aux généralités (pages 8 à 19), pour la réalisation du squelette, de la tête, des vêtements, du balai et du chapeau. Les sandales sont confectionnées dans du Plastifoam de couleur rose vif. La bouteille est une mignonnette vide (pour ne pas alourdir), le niveau du liquide est symbolisé par de la peinture vitrail.

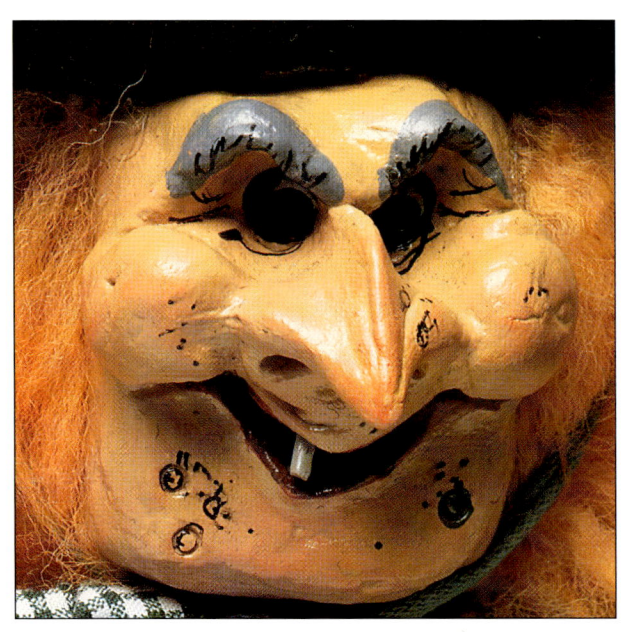

Doudou, la Créole

Pour améliorer leurs soupes les sorcières filent en Guadeloupe.
Elles y trouvent des épices et des fleurs, c'est un vrai délice ! Elles installent leur hamac au tronc des vieux cocotiers et dégustent un rhum planteur en savourant cet instant de bonheur. Sorcière rêveuse et nonchalante, Doudou ne sort jamais ses doigts crochus. Elle déteste tout ce qui vient troubler sa quiétude et apprécie les bons côtés de la vie. On pourrait la croire paresseuse, en fait c'est une sage.

Réalisation

Reportez-vous aux généralités (pages 8 à 19), pour la réalisation du squelette, de la tête, des vêtements, du balai et du chapeau. Les sandales sont confectionnées dans du Plastifoam de couleur rose vif. Confectionnez la robe dans un tissu genre madras et le jupon dans de la broderie anglaise. Le corsage est en tissu blanc. Froncez un peu de broderie anglaise pour former un volant. Montez-le au bord de chacune des manches et au col. Sur le chapeau, ajoutez un petit ruban de madras relevé en pointe.

Edma et Pénélope, les tricoteuses

Quand le chaudron mijote elles lisent le journal, ou bien elles tricotent des châles de laines aux couleurs végétales.

Une maille à l'envers, une maille à l'endroit, c'est le secret des sorcières. Sorcières actives et grandes ouvrières, Edma et Pénélope tricotent, brodent, tissent, et rapiècent. Elles ont toujours une réserve de pelotes dans leur baluchon et confectionnent des kilomètres de cache-nez.

Réalisation

Reportez-vous aux généralités (pages 8 à 19), pour la réalisation des squelettes, des têtes, des vêtements et des chapeaux. Les sandales sont confectionnées dans du Plastifoam de couleur noire. Elles sont fermées sur le dessus par des attaches parisiennes.

Réalisation d'un tricot

Matériel

- deux cure-dents
- trois petites perles
- de la laine
- de la colle

Montez 25 mailles environ. Tricotez au point de votre choix sur à peu près 5 cm. Répartissez les mailles sur les deux cure-dents. Collez une perle à chaque extrémité ainsi que sur le fil de laine restant.

Emeraude, la maritime

Pour préparer les potions, les onguents et les philtres magiques, les sorcières ont besoin d'ingrédients, c'est pourquoi elles cultivent leur jardin. Mais quand il faut une dent de requin, une écaille de tortue ou une arête de merlu, sans jamais oublier leur chapeau, elles prennent leur haveneau. Émeraude adore inventer de nouvelles potions et des philtres magiques. Elle court les forêts avec les farfadets, elle nage avec les sirènes et avec des poissons aux couleurs inconnues. Elle connaît les îles où poussent des fleurs merveilleuses.

Réalisation

Reportez-vous aux généralités (pages 8 à 19), pour la réalisation du squelette, de la tête, des vêtements, du balai et du chapeau. Les sabots sont peints en bleu et sont rehaussés d'une ancre jaune.

Réalisation du fil

Matériel

- une petite baguette de bois pour le manche
- un filet de mailles de nylon (emballage de citrons)
- un morceau de fil de fer
- de la ficelle

Dans le filet, découpez un morceau de 10 × 12 cm. Enfilez le fil de fer autour des mailles. Fixez le manche. Recouvrez-le avec la ficelle.

Ermenilde, la souillon

Cachée au fond de sa tanière, c'est la doyenne des sorcières. Elle est vilaine, sévère et s'habille d'oripeaux, de vieux tissus et de vieilles peaux. Quand elle enfourche son balai le soir, à la nuit tombée, elle marmonne et elle jette des sorts. Gare à ceux qui restent dehors ! Ermenilde est une très vieille sorcière, mystérieuse et soucieuse des traditions. Avec elle il faut se montrer prudent car il lui arrive de mettre sa grande intelligence au service de ses caprices et maléfices et le prince charmant devient crapaud !

Réalisation

Reportez-vous aux généralités (pages 8 à 19), pour la réalisation du squelette, de la tête, des vêtements, du balai et du chapeau. Les sabots sont peints en noir. Pour réaliser le fagot , allez rendre visite à Balsamie et Eulalie, les jardinières, en pages 24 et 25.

Les oripeaux sont réalisés dans de vieux tissus, de vieilles fourrures et des toiles grossières.

Séraphine et Pulchérie, les cuisinières

Sorcières de laboratoire, elles se débrouillent à merveille dans les labyrinthes de la magie. Elles ne sortent jamais leurs doigts crochus mais restent au coin du feu à confectionner d'incroyables pâtisseries dont elles ont le secret. Pour faire bouillir leurs chaudrons, il y a deux solutions. Soit brûler les balais ce qui semble déconseillé, ou bien ramasser des fagots près d'une mare aux crapauds, puiser de l'eau dans des petits seaux et laisser mijoter longtemps, un vieux brouet bien ragoûtant.

Réalisation

Reportez-vous aux généralités (pages 8 à 19), pour la réalisation des squelettes, des têtes, des vêtements, et des chapeaux. Les chaussures sont confectionnées dans du Plastifoam de couleur noire pour Séraphine et bleue pour Pulchérie. Elles sont fermées sur le dessus par des attaches parisiennes. Les lunettes sont réalisées en fil de fer. Pour la réalisation des fagots, allez rendre visite à Balsamie et Eulalie, les jardinières, en pages 24 et 25. Le petit seau est acheté dans le commerce.

Gentiane, l'infirmière

Depuis longtemps plantes et racines lui ont livré tous leurs secrets. Elle a remplacé sans méfiance les am lettes de son enfance par un panier de première urgence. Gentiane passe beaucoup de temps dans son laboratoire à l'abri des regards indiscrets. Elle n'oublie jamais le signe qui exorcise les mauvais sorts.

Réalisation

Reportez-vous aux généralités (pages 8 à 19), pour la réalisation du squelette, de la tête, des vêtements, du balai et du chapeau. Les chaussures sont confectionnées dans du Plastifoam de couleur rose vif. Elles sont fermées sur le dessus par des attaches parisiennes. La robe est confectionnée dans du piqué blanc. Le chapeau est agrémenté d'une croix rouge en feutrine.

Hélidora, l'artiste

Les sorcières ne s'ennuient jamais, certaines aiment même dessiner. Quand elles font leurs emplettes, elles achètent une palette, des couleurs à faire peur et un pinceau malin en poil de diablotin. C'est par une porte bleue qu'on entre au pays des sorcières qui font de la peinture. Si vous savez charmer Hélidora, elle vous murmurera à l'oreille les paroles magiques qui permettent de l'ouvrir.

Réalisation

Reportez-vous aux généralités (pages 8 à 19), pour la réalisation du squelette, de la tête, des vêtements, du balai et du chapeau. Les chaussures sont confectionnées dans du Plastifoam de couleur vert vif. Elles sont fermées sur le dessus par des attaches parisiennes.

Réalisation de la palette et du pinceau

Matériel

- un morceau de balsa de 2 mm
- des peintures de couleurs différentes
- du vernis à bois
- un pinceau
- du coton
- un cure-dents
- une feuille de papier calque
- un crayon
- un cutter

À l'aide du crayon, reproduisez la forme de la palette sur le papier calque. Reportez-la sur le morceau de balsa et découpez-la à l'aide du cutter en suivant son contour.

Déposez des taches de peinture pour symboliser les couleurs. Laissez sécher. Vernissez au pinceau.

Formez le pinceau avec le coton et fixez-le sur une des extrémités du cure-dents. Trempez-le dans la peinture. Laissez sécher.

Hermine, l'amie des bêtes

Les sorcières câlinent leurs animaux chéris, hiboux, corbeaux et chauves-souris. Mais le chouchou, le préféré, c'est toujours l'araignée. Sorcière en contact avec la nature, Hermine transforme son antre en refuge pour minous abandonnés. Mais si vous savez la charmer, vous l'entendrez sûrement ronronner.

Réalisation

Reportez-vous aux généralités (pages 8 à 19), pour la réalisation du squelette, de la tête, des vêtements, du balai et du chapeau. Les chaussures sont confectionnées dans du Plastifoam de couleur rose vif. Elles sont fermées sur le dessus par des attaches parisiennes.

Réalisation de l'araignée

Matériel

- un morceau de collant noir opaque
- deux petites perles pour les yeux
- de la laine noire
- de la ouatine pour le rembourrage
- de la fourrure
- un passe-laine
- de la colle

Dans le morceau de collant, découpez un carré de 8 × 8 cm. Repliez-le en deux. Formez une petite boule. Rembourrez avec la ouatine. Fixez solidement l'extrémité, coupez à ras. Collez le morceau de fourrure de manière à cacher le point d'attache. Cousez les deux perles à l'emplacement des yeux. À l'aide du passe-laine, enfilez les pattes et terminez par un nœud.

Javotte, la farceuse

Les sorcières aiment se déguiser, en fée, en diable ou en princesse. Il leur arrive même de voler les nippes de leur vieille cousine Bécassine. Javotte aime se faire remarquer. Elle s'habille de tissus bariolés et adore se déguiser. C'est une gamine pleine de malice et d'idées farfelues, mais qui n'oublie jamais son précieux balai dans la cabine d'essayage.

Réalisation

Reportez-vous aux généralités (pages 8 à 19), pour la réalisation du squelette, de la tête, des vêtements, du chapeau et du balai. Les sabots en bois, en vente dans le commerce, sont peints en noir. Le tablier est confectionné dans du tissu blanc. Le plastron de la robe est fait de trois bandes (blanche, rouge et noire). Un galon noir est posé dans le bas de la robe. Un baluchon assorti au parapluie, est accroché au manche du balai.

Réalisation du parapluie

Matériel

- 20 × 20 cm de tissu vichy rouge et blanc
- une paire de ciseaux cranteurs
- une baguette de bois de 17 cm
- une feuille de papier blanc
- un crayon
- de la colle
- une perle rouge en bois

Sur la feuille de papier, tracez la forme du parapluie en vous reportant au schéma ci-dessous. Découpez-la afin d'obtenir un gabarit. Posez ce gabarit sur le tissu vichy et découpez la forme à l'aide de la paire de ciseaux cranteurs. Pratiquez un petit trou au centre. Repliez le tissu et marquez les plis, indiqués sur le schéma, au fer à repasser. Enfilez la baguette dont vous taillez une extrémité en pointe. Collez un pli sur deux sur la baguette. Terminez en collant la perle de bois.

16 cm

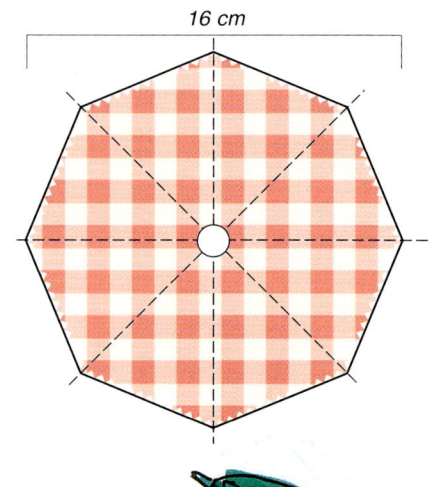

Merlin et Mélusine, les jeunes mariés

Les histoires de sorcières ressemblent aux contes de fées, la robe de mariée clôturera donc ce défilé. Tout en satin, tulle et mousseline comme les petites Colombines. Mélusine a trouvé le sorcier qui va avec la robe de sa vie. Ils vivront longtemps et heureux et auront beaucoup de petits sorcillons et sorcillonnes.

Réalisation

Reportez-vous aux généralités (pages 8 à 19), pour la réalisation des squelettes, des têtes, des vêtements, du balai, dont le manche est plus long et des chapeaux. Les chaussures sont confectionnées dans du Plastifoam de couleur noire pour Merlin et blanche pour Mélusine. Elles sont fermées sur le dessus par des attaches parisiennes. Les lunettes de Merlin sont en fil de fer.

La culotte de Merlin est confectionnée dans du tissu épais, la veste est taillée dans de la cotonnade blanche et le gilet dans du tissu fantaisie. Un petit ruban noué autour du cou sert de cravate.

La robe de Mélusine, identique au modèle de base, est confectionnée dans du satin blanc. Superposez deux jupons de tulle blanc.

Miquette, la fantaisiste

Les sorcières voyagent beaucoup du Tibet jusqu'au Pérou. Quand elles vont en Amérique elles visitent tous les cirques. Elles reviennent déguisées, en vraies souris de dessins animés. Sorcière coquine et malicieuse, Miquette peut tout faire même des sottises, c'est un vrai sac à malices. Avec elle la vie est un tourbillon joyeux et si elle se montre parfois cancanière, c'est toujours avec tact et subtilité.

Réalisation

Reportez-vous aux généralités (pages 8 à 19), pour la réalisation du squelette, de la tête, des vêtements, du chapeau et du balai. Les sabots en bois, achetés dans le commerce, sont peints en rouge avec des pois blancs, agrémentés de socquettes blanches en tissu. La jupe est confectionnée dans du tissu rouge à petits pois blancs. Le corsage est en tissu blanc, les manches sont bordées de broderie anglaise froncée. Le chapeau est orné d'un nœud assorti à la jupe et de deux ronds de tissu noir de 5 cm de diamètre, assemblés par de la colle et cousus sur le cône du chapeau.

Sapiencia et Philoméne, les mamans

Avant de devenir vieilles, sages et tatillonnes, les sorcières sont de petites sorcillonnes. Elles doivent étudier longtemps de vieux grimoires tout vermoulus, pour connaître la magie, sur le bout de leurs petits doigts crochus. Sorcières tendres et chaleureuses, Sapiencia et Philoméne adorent leurs enfants et ceux des autres. Elles connaissent les berceuses aux paroles magiques, et sont de parfaites nounous.

Réalisation

Reportez-vous aux généralités (pages 8 à 19), pour la réalisation des squelettes, des têtes, des vêtements et des chapeaux. Les sandales sont confectionnées dans du Plastifoam de couleur noire pour Sapiencia et bleu vif pour Philoméne.

Réalisation d'un bébé

Matériel
- une boule de cotillon
- de la pâte modelable
- un feutre noir
- de la peinture de couleur chair
- 11 × 13 cm de tissu vichy
- de la ouatine
- de la feutrine noire pour le chapeau
- de la laine pour les cheveux
- une petite épingle de nourrice
- de la colle

Enroulez un peu de pâte sur la boule de cotillon. Modelez un petit nez. Laissez sécher. Peignez la tête de couleur chair et marquez la bouche, les yeux et les sourcils en noir.

Pliez en deux le morceau de vichy dans le sens de la longueur. Cousez le côté. Retournez. Bourrez avec de la ouatine. Fermez l'ouverture par une couture. Repliez le bas du lange et placez l'épingle de nourrice.

Découpez les pièces du chapeau en vous reportant au schéma ci-dessus (à agrandir au double). Procédez comme pour le modèle de base en page 16, mais pour plus de facilité, collez les deux bords endroit contre endroit au lieu de les coudre. Collez quelques cheveux autour du crâne ainsi que le chapeau, puis la tête. Collez la tête sur le corps.

Soizic, la Bretonne

On raconte qu'à Pont-L'Abbé des sorcières sont installées. Elles cachent leurs vieux chapeaux sous des coiffes qui montent très haut. Rien à craindre, elles sont mignonnes, et vous régalent de crêpes bretonnes. Sorcière traditionaliste, Soizic aime sa Bretagne et sait que tous les Bretons n'ont pas des chapeaux ronds. Elle est perfectionniste et exigeante, c'est une scrupuleuse. Elle demande beaucoup aux autres mais apporte énormément. Il faut savoir profiter de sa vitalité.

Réalisation

Reportez-vous aux généralités (pages 8 à 19), pour la réalisation du squelette, de la tête, des vêtements, du chapeau et du balai. Les sabots en bois, vendus dans le commerce, sont ornés de petits cœurs. Le tablier est en broderie anglaise, il est terminé par un petit galon rose.

Sur le plastron du corsage, cousez de la dentelle blanche que vous aurez préalablement froncée. Cousez également un galon de votre choix au bas de la robe.

Avant de coudre le cône du chapeau, recouvrez-le d'un morceau de dentelle blanche assortie à celle du corsage. Laissez des pans suffisamment longs. Nouez-les joliment sur le côté de la tête.

Suzon, la danseuse

Nous appelons ces fêtes des « boums », les sorcières elles, font leur sabbat. Pour mettre une note plus gaie, elles choisissent des costumes très colorés. Sorcière charmante et turbulente, Suzon s'habille de tissus bariolés et adore se déguiser.
C'est une éternelle gamine pleine de joie de vivre et d'idées farfelues. Elle ne touche le sol que pour danser.

Réalisation

Reportez-vous aux généralités (pages 8 à 19), pour la réalisation du squelette, de la tête, des vêtements, du chapeau et du balai, qui est réversible pour ajouter une note amusante. Les sandales sont confectionnées dans du Plastifoam de couleur mauve, fermées sur le dessus par des attaches parisiennes.

Le tutu est réalisé sur le même principe que le modèle de base en page 14 et 19, en ajoutant cependant, trois jupons de tulle de trois couleurs différentes dans des coloris dégradés.

Tarifa, la véliplanchiste

Certaines sorcières adorent le sport, et n'ont pas peur du vent fort. Blizzard, ouragans et tempêtes, ces jours-là, elles n'en font qu'à leur tête. Sorcière moderne, indépendante et dynamique, Tarifa surfe sur la crête des nuages et glisse avec le vent. Elle vit pleinement l'instant présent, pour elle l'avenir réserve toujours plein de surprises.

Réalisation

Reportez-vous aux généralités (pages 8 à 19), pour la réalisation du squelette, de la tête, des vêtements, du chapeau et du balai. Tarifa ne porte pas de chaussures. Le pull est réalisé dans du tissu éponge, il est orné d'une application dans le dos. Prenez soin de faire le pli du bas assez large pour y passer un lacet que vous ferez coulisser à la taille.

Réalisation de la planche

Matériel

- du contreplaqué de 3 mm en 45 × 12 cm
- une baguette de bois Ø 1 cm de 40 cm (mat)
- 20 × 20 cm de tissu enduit ou plastifié, rose
- 32 × 22 cm de tissu enduit ou plastifié, bleu
- une petite rondelle de bois de Ø 2 cm et de 1 cm d'épaisseur
- des bandes de tissu élastique rouge et noir de 9 × 1,5 cm pour les foot-strap
- deux élastiques
- deux pitons à rideaux (1 ouvert, 1 fermé)
- du fil de fer
- de la colle
- de la peinture blanche
- un pinceau
- du papier blanc
- un crayon
- une branche d'arbre mort pour le whisbone

Reportez tous les schémas (voir patrons page 62) sur le papier blanc. Découpez-les pour obtenir des gabarits. Dans le contreplaqué, découpez la forme de la planche en suivant son contour ainsi que l'aileron. Collez-le sous la planche. Collez également la rondelle de bois. Peignez et laissez sécher.

Confectionnez la voile dans les tissus enduits ou plastifiés. Enfilez le mat dans l'ourlet, il doit dépasser de chaque côté. Fixez le piton ouvert sur la rondelle de bois et le piton fermé sur l'extrémité du mat. Assemblez-les. Fixez le whisbone avec les élastiques et le balai avec le fil de fer. Confectionnez les foot-strap. Collez-les sur la planche. Installez Tarifa et bon vent…

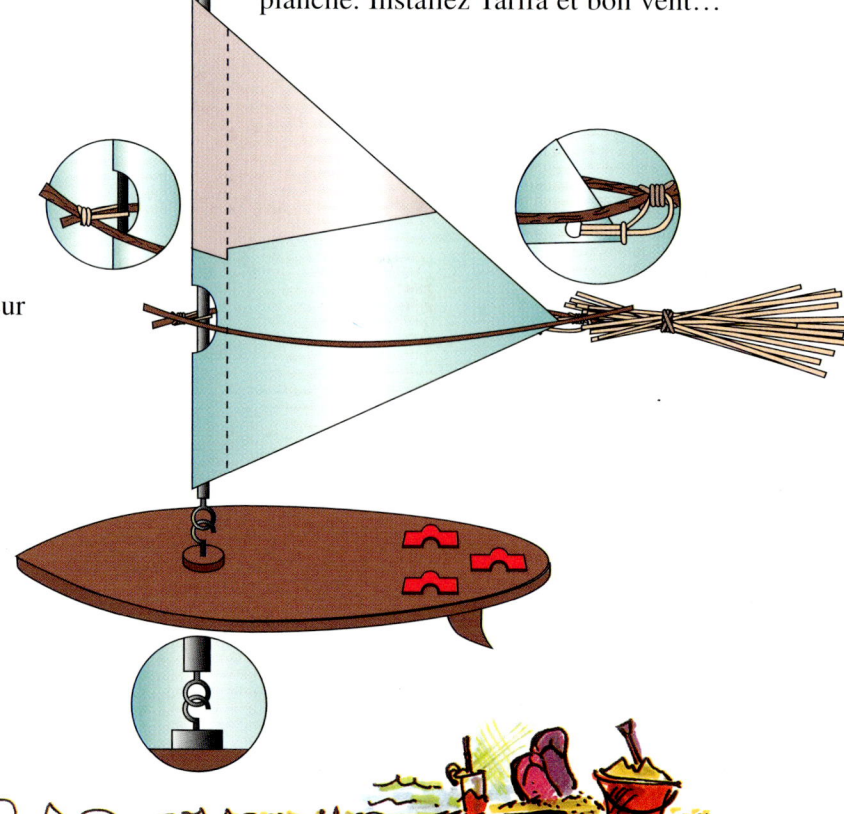

Vivette, la voyageuse

Les sorcières aiment les voyages, elles volent au-dessus des nuages. À califourchon sur leurs balais magiques et en compagnie de leurs chats maléfiques, sans oublier leurs petits baluchons. Sorcière de gouttière, Vivette ne reste pas en place. Elle caracole toutes les nuits, mais son bon sens pratique l'oblige à ménager son balai magique.

Réalisation

Reportez-vous aux généralités (pages 8 à 19), pour la réalisation du squelette, de la tête, des vêtements, du chapeau et du balai. Les sandales sont confectionnées dans du Plastifoam de couleur mauve. Les lunettes sont en fil de fer.

Réalisation du baluchon

Matériel

- 17 cm de cotonnade
- une baguette de bois de 20 cm
- un élastique
- de la ouatine

Rembourrez le morceau de cotonnade avec la ouatine mise en boule. Faites un lien avec l'élastique dans lequel vous glisserez la baguette en bois.

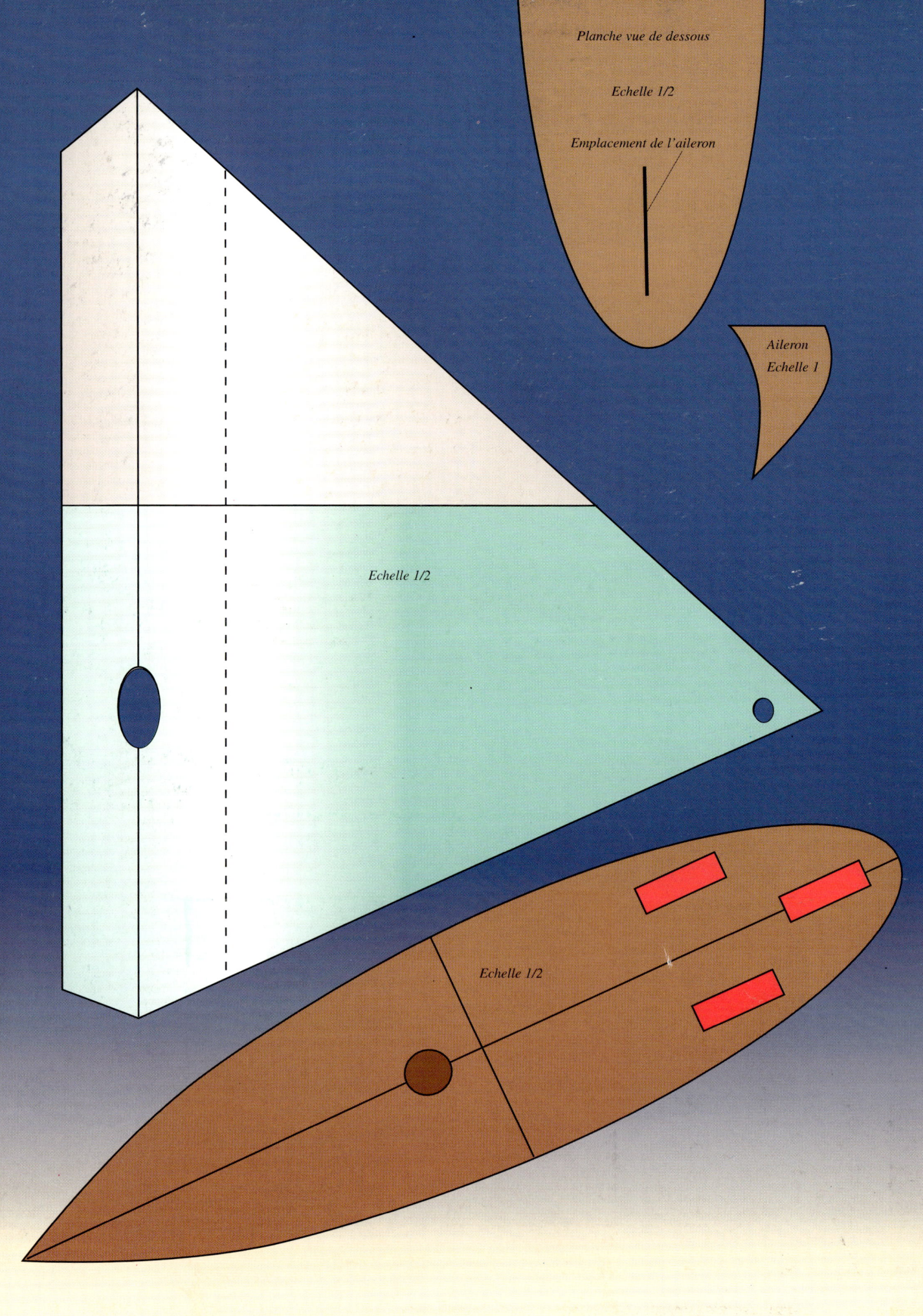

Planche vue de dessous

Echelle 1/2

Emplacement de l'aileron

Aileron
Echelle 1

Echelle 1/2

Echelle 1/2